Dieses Buch gehört:

....

W0022581

Sabine Städing
SaBine Büchner

Mein weihnachtliches

Back- und Bastelbuch

Boje

Erklärung zu den Schwierigkeitsgraden
in den Anleitungen:

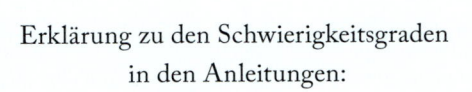 — leicht

 — mittel

 — für Profis

FSC® C084279
MIX
Papier aus verantwortungsvollen Quellen

Originalausgabe

Copyright © 2018: by Bastei Lübbe AG, Köln

Umschlaggestaltung: Christina Krutz unter Verwendung einer Illustration von © SaBine Büchner
Bastelanleitungen und Rezepte: Jennifer Gomber
Lektorat: Linde Müller-Siepen
Gesamtgestaltung und Satz: Christina Krutz, Biebesheim am Rhein
Druck und Einband: Print Consult GmbH, München

Printed in Slovakia
ISBN 978-3-414-82522-3

2 4 5 3 1

Sie finden uns im Internet unter: www.boje-verlag.de

Ein verlagsneues Buch kostet in Deutschland und Österreich jeweils überall dasselbe. Damit die kulturelle
Vielfalt erhalten und für die Leser bezahlbar bleibt, gibt es die gesetzliche Buchpreisbindung.
Ob im Internet, in der Großbuchhandlung, beim lokalen Buchhändler, im Dorf oder in der Großstadt –
überall bekommen Sie Ihre verlagsneuen Bücher zum selben Preis.

Inhalt

Hexenweihnacht im Apfel – Teil 1 9

Eine Weihnachtsgeschichte von Sabine Städing

Rezepte aus der Hexenküche 12

Gebrannte Mandeln 14 · Waffeln 16 · Petronellas Vanillekipferl 18
Zimtsterne 20 · Petronellas Apfelmuffins 22 · Rosinenschnecken 24 · Lebkuchen 26
Weihnachtsapfelpunsch 28 · Mandarinen-Smoothie 30 · Bratäpfel im Nussmantel 32
Schokoknusperflocken 34 · Holunderbeerensirup 36

Hexenweihnacht im Apfel – Teil 2 38

Bastelspaß im Apfelhaus 40

Adventskranz 42 · Vergoldete Walnüsse 44 · Bemalte Eicheln 45
Getrocknete Orangenscheiben 46 · Tannenzapfen-Landschaft 47 · Knopfbäume 48
Wäscheklammer-Sterne 50 · Baumschmuck aus Bienenwachs 52 · Vogelfutterspender 54

Weihnachtliche Hexentraditionen 56

Zauberhafte Geschenkideen 58

Tannenbaum-Weihnachtskarte 60 · Schneemann-Weihnachtskarte 61 · Schneekugel 62
Petronella-Teelichter 64 · Weihnachtsbaum-Schlüsselanhänger 66 · Pompom-
Schlüsselanhänger 68 · Schöne Plätzchentüten 70 · Hexenbesen aus Küchenkräutern 72

Hexenweihnacht im Apfel – Teil 3 74

Vorlagen 76

Hexenweihnacht im Apfel

Eine Weihnachtsgeschichte von Sabine Städing

Petronella Apfelmus sah sich zufrieden um. Genau so musste es zur Weihnachtszeit im Haus einer Apfelhexe aussehen! Es lagen Tannengrün, Kiefernzapfen und Geschenkpapier herum. Apfelscheiben hingen zum Trocknen auf der Wäscheleine, und der Sack mit den Haselnüssen lag gleich neben dem Sofa.

»Weihnachten steht vor der Tür, das ist nicht zu übersehen«, summte Lucius der Hirschkäfer vergnügt.

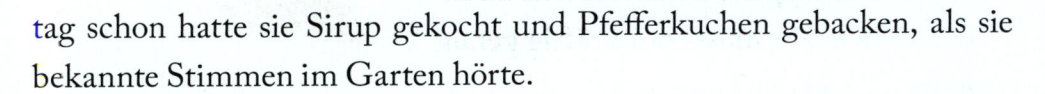

»Stimmt«, lachte die Apfelhexe. »Und wenn ich jetzt noch ein Blech verhexte Lebkuchen backe, ist die Weihnachtsstimmung perfekt.«

Das Backen gehörte für Petronella zur Adventszeit wie der Hexentanz zur Walpurgisnacht. Den ganzen Vormittag schon hatte sie Sirup gekocht und Pfefferkuchen gebacken, als sie bekannte Stimmen im Garten hörte.

»Petronella! Petronella!« Lea und Luis Kuchenbrand kletterten eilig die magische Strickleiter herauf und standen schon auf dem Ast vor ihrer Haustür.

Sofort öffnete die Apfelhexe die Tür. Der Ostwind blies eisige Wolken über das Land. »Kommt schnell ins Haus, bevor ihr mir wegfliegt«, begrüßte sie ihre Gäste. Das ließen sich die Zwillinge nicht zweimal sagen. Sie zogen ihre Mützen und Handschuhe aus und folgten Petronella in die Küche.

»Hmmm, wie das duftet!« Die Zwillinge hielten schnuppernd ihre Nasen in die Luft. »Wenn ich die Augen schließe, wird mir gleich so wunder-weihnachts-kribbelig zumute«, seufzte Lea.

Luis nickte. »Und wenn es endlich schneien würde, könnte uns auch draußen wunder-weihnachts-kribbelig werden. Stell dir vor, was wir alles machen könnten: Schneemonster bauen und Schlitten fahren …«

»Habt ihr schon versucht, den Schnee herbeizusingen?«, wollte Petronella wissen. Die Zwillinge schüttelten den Kopf.

»Selber schuld. Ich habe damit nämlich sehr gute Erfahrungen gemacht.«

»Wirklich? Und was singt man da so?«

»Versucht es mal mit: Schneeflöckchen Weißröckchen … Ihr kennt das Lied doch, oder?«

»Und das klappt?«, wunderte sich Luis.

»Natürlich. Ihr müsst nur kräftig genug singen.« Die kleine Hexe lachte. »Und jetzt könnt ihr mir helfen, Vanillekipferl zu backen, habt ihr Lust?«

»Na klar!«, riefen die Zwillinge.

Wollt ihr wissen, wie die Weihnachtsvorbereitungen bei Petronella Apfelmus weitergehen? Dann lest weiter auf S. 38

Backen

Rezepte aus der Hexenküche

Hmm ... Was duftet denn hier so gut
in der Hexenküche? Petronella Apfelmus backt in
der Vorweihnachtszeit, was das Zeug hält.
Auf den nächsten Seiten findet ihr viele leckere
Rezepte für eure Weihnachtsbäckerei.

Guten Appetit!

Backen

Gebrannte Mandeln

Schwierigkeitsgrad: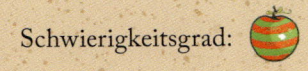

Petronellas Freund Lucius liebt gebrannte
Mandeln über alles. Deshalb haben die beiden in
der Weihnachtszeit immer einen kleinen
Vorrat davon auf dem Tisch — der allerdings
meist ratzfatz aufgegessen ist.

Was ihr braucht, um eine ordentliche Portion zu bekommen:

- ⭐ 200 g Zucker
- ⭐ 1 Pkt. Vanillinzucker
- ⭐ 100 ml Wasser
- ⭐ 200 g ganze Mandeln
- ⭐ Zimt

plopp
zisch
zing

Und so geht's:

1.) Gebt Zucker, Vanillin-zucker, etwas Zimt und Wasser in einen Topf und bringt die Mischung zum Kochen. Nicht rührt! Fügt dann die Mandeln hinzu und rührt so lange, bis der Zucker trocknet.

2.) Stellt nun die Temperatur auf mittlere Stufe und rührt weiter, bis der Zucker wieder schmilzt. Sobald die Mandeln glänzen, könnt ihr den Topf vom Herd nehmen.

3.) Gebt nun die Mandeln auf ein Backblech, zieht sie ausein-ander und lasst sie abkühlen.

Backen

Waffeln

Schwierigkeitsgrad: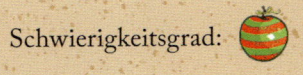

Diese Waffeln schmecken einfach
zu jeder Jahreszeit – beim
Warten auf Weihnachten aber
ganz besonders!

Was ihr braucht:

- ⭐ 250 g Margarine oder Butter
- ⭐ 200 g Zucker
- ⭐ 2 Eier
- ⭐ 1 Pkt. Vanillinzucker
- ⭐ 500 g Mehl
- ⭐ 1 Pkt. Backpulver
- ⭐ 500 ml Milch

TIPP:
Bestreut die fertigen Waffeln mit Puderzucker oder serviert sie zusammen mit heißen Kirschen, Vanilleeis und Sahne!

Und so geht's:

1.) Die Margarine oder Butter, Zucker, Eier und Vanillinzucker gebt ihr in eine Schüssel und schlagt alles mit einem Rührstab schaumig.

2.) Nun gebt ihr Mehl, Backpulver und Milch hinzu und verrührt alles zu einer gleichmäßigen Masse.

3.) Den fertigen Teig gebt ihr anschließend portionsweise in ein Waffeleisen und lasst die Waffeln backen, bis sie goldgelb sind.

Backen

Petronellas Vanillekipferl

Schwierigkeitsgrad: 🍎 🍎

Lea und Luis würden am liebsten jeden
Tag bei Petronella vorbeikommen, um ihr in der
Hexenküche behilflich zu sein. Dann duftet es
immer so schön in der Hexenstube, besonders wenn
Petronella ihre leckeren Vanillekipferl backt.

Was ihr für den Teig braucht:

- ⭐ 550 g Mehl
- ⭐ 150 g Zucker
- ⭐ 400 g Butter oder Margarine
- ⭐ 200 g gemahlene Haselnüsse

Was ihr außerdem noch braucht:

- ⭐ 100 g Zucker
- ⭐ 2 Pkt. Vanillinzucker

Und so geht's:

1.) Vermischt Mehl, Zucker, Margarine oder Butter und die Haselnüsse, und verknetet alles zu einem gleichmäßigen Teig.

2.) Formt aus dem Teig 1 cm dicke Rollen, die ihr in etwa 5 cm lange Stücke schneidet. Die Rollen in Frischhaltefolie wickeln und eine Stunde im Kühlschrank fest werden lassen.

3.) Formt nun aus den Stücken zwischen den Handflächen kleine Halbmonde und legt diese auf ein mit Backpapier belegtes Blech. Auf der unteren Schiene im Backofen bei 175°C für etwa 15 Minuten backen, bis die Vanillekipferl goldgelb sind.

4.) Mischt nun 100 g Zucker und 2 Pkt. Vanillinzucker. Darin wendet ihr die noch warmen Kipferl und lasst sie dann auskühlen.

Zimtsterne

Schwierigkeitsgrad: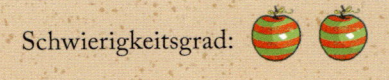

Die Apfelmännchen denken bei Zimt
direkt an Weihnachten. Ihr auch?
Dann wird es spätestens nach Nikolaus Zeit
für diese leckeren Zimtsterne!

Was ihr für den Teig braucht:

- ⭐ 500 g gemahlene Mandeln
- ⭐ 300 g Puderzucker
- ⭐ 2 Teelöffel Zimt
- ⭐ 2 Eiweiß

Was ihr für die Glasur braucht:

- ⭐ 1 Eiweiß
- ⭐ 125 g Puderzucker

Und so geht's:

1.) Mischt die Mandeln, Puderzucker und Zimt. Gebt dann zwei Eiweiß hinzu. Vielleicht braucht ihr beim Eiertrennen die Hilfe eines Erwachsenen. Verrührt alles mit dem Handrührgerät (Knethaken) und knetet anschließend daraus einen glatten Teig.

2.) Rollt den Teig auf einer leicht bemehlten Arbeitsfläche etwa 1 cm dick aus. **TIPP:** *Geht oft am besten mit Frischhaltefolie als Unterlage.* Stecht nun mit Förmchen Sterne aus und legt diese auf ein mit Backpapier belegtes Backblech. Besonders leicht funktioniert das Ausstechen, wenn ihr das Förmchen immer wieder kurz in Puderzucker taucht.

3.) Schlagt nun das eine Eiweiß steif. Achtet darauf, dass ihr wirklich nur Eiweiß und kein Eigelb in eurer Schüssel habt. Wenn das Eiweiß steif ist, gebt ihr nach und nach Puderzucker hinzu und schlagt weiter.

4.) Bepinselt die Sterne mit dem Eischnee und backt sie anschließend im bei 150 Grad vorgeheizten Backofen für etwa 10-15 Minuten auf der untersten Schiene.

Backen

Petronellas Apfelmuffins

Schwierigkeitsgrad:

Petronella backt im Advent nicht nur Plätzchen.
Sie hat auch immer einen Vorrat ihrer
köstlichen Apfelmuffins da. Die mögen die
Kuchenbrand-Zwillinge besonders gern.

Was ihr für 12 Stück braucht:

- 280 g Mehl
- 2 Äpfel
- 1 Teelöffel Zimt
- 2 Teelöffel Backpulver
- ggf. 1 Teelöffel Natron
- 1 Ei
- 80 g Zucker
- 80 ml Pflanzenöl
- 200 g Buttermilch
- 125 ml Apfelsaft

Außerdem braucht ihr:

- 4 Esslöffel Zucker mit Zimt

Und so geht's:

1.) Zuerst müsst ihr die Äpfel schälen, vierteln und das Kerngehäuse entfernen. Schneidet nun etwa 2/3 der Scheiben in kleine Würfel, sodass noch einige Scheiben übrigbleiben.

2.) Mischt die Apfelwürfel mit Mehl, Zimt, Backpulver und ggf. Natron.

3.) In einer großen Schüssel vermengt ihr nun das Ei mit Zucker, Pflanzenöl, Buttermilch und Apfelsaft.

4.) Gebt die vermischten Apfelwürfel zu der Eimasse und verrührt alles kurz.

5.) Füllt nun die Masse in die Muffinförmchen, am besten eignet sich hier ein Backblech mit Vertiefungen für Muffins. Legt die übrigen Apfelspalten auf den Muffinteig und bestreut alles mit etwas Zucker und Zimt. Im Backofen bei 180°C Umluft für etwa 25-30 Minuten backen.

Backen

Rosinenschnecken

Schwierigkeitsgrad: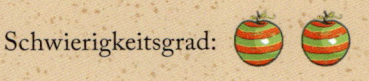

Herr Kuchenbrand macht die besten Rosinenschnecken der Welt, wollt ihr mal probieren?

Was ihr braucht:

- 950 ml Milch
- 250 g Rosinen
- 1 Pkt. Vanillinzucker
- 1,5 Pkt. Trockenbackhefe
- 600 g Mehl
- 10 Esslöffel Zucker
- 2 Eier (Größe M)
- 100 g Butter
- 2 Pkt. Vanillepuddingpulver
- Aprikosenmarmelade

Und so geht's:

1.) Kocht einen Pudding aus 750 ml Milch und 5 EL Zucker. Rührt die Rosinen in den fertigen Pudding ein, deckt ihn mit Klarsichtfolie ab, damit sich keine Haut bildet, und lasst ihn abkühlen.

2.) Vermischt in einer Schüssel Mehl und Hefe. Nun gebt ihr 5 EL Zucker, 1 Pkt. Vanillinzucker, 100 g weiche Butter, 200 ml warme Milch und die Eier dazu. Verarbeitet alle Zutaten zu einem glatten Teig. Stellt anschließend den Teig zugedeckt an einen warmen Ort, z. B. auf die Heizung.

3.) Knetet nun den Hefeteig noch einmal durch und rollt ihn dann mit einem Nudelholz auf einer bemehlten Fläche rechteckig aus. Jetzt verteilt ihr die Puddingmasse auf dem Teig.

4.) Der Teig wird nun von der kurzen Seite her fest aufgerollt. Legt ein Backblech mit Backpapier aus. Schneidet vorsichtig 2-3 cm dicke Scheiben von der Rolle ab und legt sie auf das Backblech. Achtet darauf, dass sie nicht zu eng aneinander liegen, da die Schnecken beim Backen noch größer werden.

5.) Backt die Schnecken ca. 15 Minuten bei 170°C Umluft. Dann könnt ihr die noch heißen Schnecken mit Aprikosenmarmelade bestreichen und schließlich auf einem Rost abkühlen lassen.

Backen

Lebkuchen

Schwierigkeitsgrad:

Petronella backt jedes Jahr verhexte Lebkuchen,
doch ihre Rezeptur ist streng geheim!
Probiert doch mal diese leckeren Lebkuchen, die
schmecken auch ohne Magie zauberhaft.

Und so geht's:

1.) Zucker, Vanille, Zimt,
Mehl, Backpulver, Haselnüsse,
Kakao und Lebkuchengewürz
mischen. Erhitzt die Milch
(nicht kochen!) und lasst die
Butter darin schmelzen.

2.) Gebt die leicht abgekühlte
Buttermilch unter die Mehl-
mischung und verrührt sie
sofort. Nun gebt ihr die Eier
und den Honig dazu und verrührt alles gut miteinander.

3.) Streicht die Mischung auf
ein gefettetes Blech. Bei 200°C
für etwa 15 Minuten backen, anschließend abkühlen lassen und
in kleine Rechtecke schneiden.

Was ihr braucht:

- 250 g Rohrzucker
- 1 Messerspitze Vanillemark
- 1 Messerspitze Zimt
- 300 g Mehl
- 1 Pkt. Backpulver
- 150 g gemahlene Haselnüsse
- 3 Esslöffel Kakaopulver
- 1 Pkt. Lebkuchengewürz
- 250 ml Milch
- 150 g Butter
- 3 Esslöffel Honig
- 4 Eier

Backen

Weihnachts-apfelpunsch

Schwierigkeitsgrad: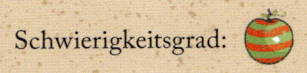

Wenn es draußen kalt ist, kocht Petronella für alle Gartenbewohner diesen Punsch.

Für eine ordentliche Portion braucht ihr folgende Zutaten:

- ☆ 250 ml Apfelsaft
- ☆ 5 Früchteteebeutel
- ☆ 3 Nelken
- ☆ 250 ml Orangensaft
- ☆ 1 Pkt. Vanillezucker
- ☆ 1 l Wasser
- ☆ 1 Teelöffel Zimt

Und so geht's:

1.) Wasser in einem Topf zum Kochen bringen und die Teebeutel ca. 10 Minuten darin ziehen lassen.

2.) Apfel- und Orangensaft sowie Zimt, Nelken und Vanillezucker dazugeben. Alles gut verrühren.

3.) Mischung noch eine halbe Stunde ziehen lassen. Passt auf, dass der Punsch nicht mehr kocht.

4.) Punsch durch ein Sieb abseihen (hier sollte euch unbedingt ein Erwachsener helfen!) und in Tassen servieren.

Backen

Mandarinen-Smoothie

Schwierigkeitsgrad: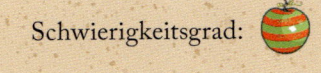

In der dunklen Jahreszeit tut eine
Extraportion Vitamine gut.
Probiert mal diesen gesunden und
leckeren Smoothie aus!

Was ihr für 2 Gläser braucht:

- ⭐ 1 Teelöffel Jasmintee
- ⭐ 100 ml siedendes Wasser
- ⭐ 4–5 ausgepresste Mandarinen (ca. 200 ml)
- ⭐ 1 Vanilleschote
- ⭐ 1 Banane
- ⭐ 1 Esslöffel Zitronensaft
- ⭐ 100 ml Buttermilch
- ⭐ 2 Teelöffel Ahornsirup

Und so geht's:

1.) Gebt den Jasmintee in einen Teebeutel oder ein -sieb und gießt 100 ml siedendes Wasser darauf. Lasst den Tee für etwa 10 Minuten ziehen.

2.) Püriert nun den Saft der ausgepressten Mandarinen, das Mark der Vanilleschote, die Banane, den Zitronensaft, den Tee und die Buttermilch.

3.) Zum Schluss könnt ihr den Smoothie mit ein wenig Ahornsirup abschmecken und gekühlt genießen.

Backen

Bratäpfel im Nussmantel

Schwierigkeitsgrad: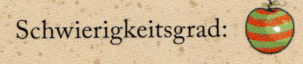

In der alten Mühle duftet es schon
nach Äpfeln und Nüssen. Da läuft einem gleich
das Wasser im Mund zusammen.

Was Ihr braucht:

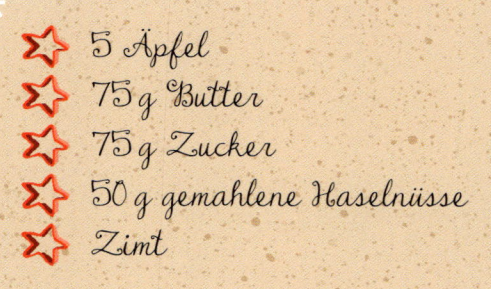

- ⭐ 5 Äpfel
- ⭐ 75 g Butter
- ⭐ 75 g Zucker
- ⭐ 50 g gemahlene Haselnüsse
- ⭐ Zimt

Und so geht's:

1.) Schält die Äpfel und entfernt das Kerngehäuse, am besten mit einem Kernausstecher, ohne die Äpfel aufzuschneiden.

2.) Gebt nun die Butter in eine Pfanne und wendet die Äpfel einige Male darin.

3.) Vermischt Zucker, Haselnüsse und etwas Zimt miteinander und wendet die warmen Äpfel darin. Aber Vorsicht, lasst die Äpfel lieber noch etwas ab kühlen, bevor ihr euch die Finger am heißen Fett verbrennt.

4.) Was von der Nussmischung übrig bleibt, vermengt ihr mit der geschmolzenen Butter und gebt es in das Loch des Apfels, wo das Kerngehäuse saß. Sehr dekorativ wird es, wenn ihr nun eine Zimtstange in das Loch steckt.

5.) Stellt die fertigen Äpfel in eine gefettete Auflaufform und backt sie bei 180°C für etwa 45-50 Minuten. Wenn der Nussmantel goldgelb geworden ist, sind die Bratäpfel perfekt.

> **TIPP:**
> *Besonders lecker schmecken die Bratäpfel mit Vanilleeis!*

Backen

Schoko-knusperflocken

Schwierigkeitsgrad:

Wenn die Apfelmännchen mal wieder
Lust auf Schokolade haben,
bereitet Petronella gerne ihre
Schokoknusperflocken zu.
Gelingt im Handumdrehen!

plopp
zisch
zing

Was ihr braucht:

- ca. 300 g Schokolade
  (3 Tafeln Vollmilch oder dunkle
  Schokolade – je nach Geschmack)
- 150 g Cornflakes

Und so geht's:

1.) Schokolade im Wasserbad schmelzen lassen.

2.) Cornflakes vorsichtig in einer großen Schüssel mit der Schokolade vermengen.

3.) Kleine Häufchen mit einem Löffel auf ein mit Backpapier ausgelegtes Blech legen und auskühlen lassen.

TIPP:

Setzt eine ordentliche Portion in ein Muffinpapier. In einer durchsichtigen Geschenktüte verpackt, die ihr oben mit einem bunten Geschenkband schließt, kommt diese Leckerei bestimmt auch als kleines Geschenk bestens an.

Holunder-beerensirup

Schwierigkeitsgrad: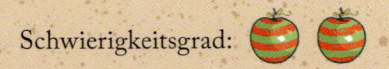

Holunderbeeren sind gesund, und als Sirup schmecken sie besonders gut. Petronella kocht die Beeren im Spätsommer ein, um sie in der kalten Jahreszeit zu genießen.

Was ihr braucht:

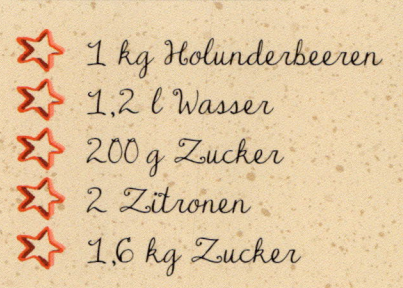

- ⭐ 1 kg Holunderbeeren
- ⭐ 1,2 l Wasser
- ⭐ 200 g Zucker
- ⭐ 2 Zitronen
- ⭐ 1,6 kg Zucker

Und so geht's:

1.) Zupft die schwarzen Holunderbeeren mit einer Gabel ab und wascht sie. Gebt sie dann in eine Schüssel mit 1,2 l Wasser und stellt sie für 24 Stunden in den Kühlschrank. **TIPP:** *Im Winter müsst ihr tiefgefrorene Beeren nehmen. Schaut im Supermarkt nach, ob sie dort verkauft werden.*

2.) Gießt die Beeren am nächsten Tag ab und püriert sie. Mit 200 g Zucker und dem Saft von zwei Zitronen aufkochen. Anschließend den Saft absieben.

3.) Wiegt nun den Saft und fügt die gleiche Menge Zucker hinzu. Kocht den Saft erneut auf.

4.) Dieser Schritt sollte von einem Erwachsenen durchgeführt werden: Den noch heißen Saft in vorgewärmte Flaschen oder Gläser randvoll abfüllen und sofort verschließen. Bei Zimmertemperatur abkühlen lassen.

TIPP:
Etwas Sirup in ein Glas Sprudelwasser geben und genießen. Schmeckt auch warm (mit warmem Wasser oder Tee) gut.

Hexenweihnacht im Apfel

Fortsetzung der Geschichte von Seite 11

Als Petronella am späten Nachmittag das Fenster öffnete, um ein Blech mit Pfefferkuchen abkühlen zu lassen, hörte sie die Zwillinge im Müllerhaus lauthals singen. »Schnee-he-flöckchen, Weißröckchen, wa-ha-nn kommst du geschneit …«

Sie lächelte und griff nach dem dicken Frau-Holle-Kissen, das ihre Schwestern, die Wetterhexen, bei ihrem letzten Besuch vergessen hatten. Damit trat sie ans offene Fenster und schüttelte es kräftig aus. Sofort fing es an zu schneien. Zuerst nur einzelne Flocken, dann wurde es auf zauberhafte Weise mehr und mehr.

»Juhuuu!«, jubelten die Zwillinge und rannten auch schon aus dem Haus.

Niemals hatte Petronella so viel Spaß wie in der Weihnachtszeit. Sie liebte die Heimlichkeiten, den Duft und den Kerzenschimmer. Heute hatte sie die Apfelmännchen zu einer Bastelstunde eingeladen. Sie wollten Apfellichter und Baumschmuck aus Bienenwachs basteln. Das duftete ganz wunderbar und war kinderleicht. Für die kleine Hexe hätte die Adventszeit ruhig doppelt so lang sein können. Bis zuletzt wurde gebacken, gebastelt und geschmückt. Lucius wunderte sich jedes Jahr aufs Neue, wie es Petronella gelang, rechtzeitig bis Heiligabend fertig zu werden. Sobald es im Hexengarten dämmerte, kehrte Ruhe im Apfelhaus ein.

Im Müllerhaus standen die Zwillinge am Fenster und schauten zum Himmel hinauf. Auch sie freuten sich jeden Tag mehr auf das Weihnachtsfest.

Und dann war er wirklich da, der langersehnte Heiligabend.

Weiter geht es auf Seite 74

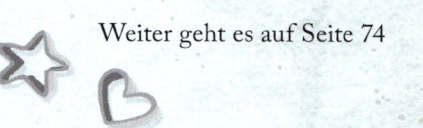

Basteln

Bastelspaß im Apfelhaus

Weihnachtszeit ist Bastelzeit.
Und was es da nicht alles zu dekorieren gibt!
Das Zimmer, die Fenster, den Weihnachtsbaum,
den Garten ... Petronella könnte ewig
weitermachen, und auch die Apfelmännchen
sind begeisterte Bastler.

Macht doch mit!

Basteln

Adventskranz

Schwierigkeitsgrad: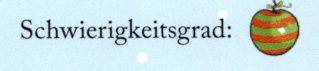

Petronella findet: Vier Wochen vor Weihnachten
ist es höchste Zeit für einen Adventskranz! Zusammen
mit den Kuchenbrand-Zwillingen geht die kleine
Hexe raus in die Natur. Denn dort findet sie jede Menge
Materialien für ihren Adventskranz.

Was ihr braucht:

⭐ Einen großen Teller oder eine Platte (z.B. aus Holz).
Schön ist auch eine große, hohle Wurzel

⭐ Vier dicke und stabile Kerzen

⭐ Alles, was die Natur hergibt: kleine Zweige, Blätter,
Nüsse, Kastanien, Tannenzapfen, Eicheln etc.

Und so geht's:

1.) Dieser Adventskranz sieht nicht nur schön aus, er ist auch kinderleicht zu basteln. Am besten legt ihr den Teller oder die Wurzel mit einem dicken Bett aus Moos aus. Darauf stellt ihr die Kerzen. Stabiler stehen die Kerzen, wenn ihr lange Nägel von der anderen Seite durch eure Platte schlagt und die Kerzen daraufsetzt. Um die Kerzen könnt ihr nun eure Fundstücke legen – und schon ist der Adventskranz fertig.

ÜBRIGENS:
Wer mit Kerzen bastelt, muss immer vorsichtig sein! Passt also auf, dass die Kerzen genug Platz haben und nicht zu viel Deko in der Nähe der Kerzen ist. Zündet den Adventskranz niemals alleine und nur im Beisein eines Erwachsenen an!

Vergoldete Walnüsse

Schwierigkeitsgrad: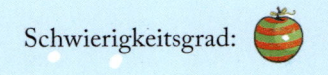

Es ist ganz leicht, schönen Schmuck für den Weihnachtsbaum mit Materialien aus der Natur zu basteln. Das finden auch die Kuchenbrand-Zwillinge, die sich begeistert auf die Suche nach Nüssen, Eicheln und Tannenzapfen machen.

Was ihr braucht:

- Walnüsse
- Goldlack
- Faden
- Kleber

Und so geht's:

1.) Öffnet die Walnüsse und passt auf, dass ihr zwei intakte Nussschalen erhaltet. Holt die Nuss heraus und macht die Schale von innen und außen gut sauber.

2.) Nun könnt ihr sie mit Goldlack ansprühen. Achtet darauf, dass ihr den Lack nicht einatmet!

3.) Lasst die Nussschalen trocknen, dann legt einen zur Schlaufe gebundenen Faden in eine Hälfte und befestigt ihn mit Kleber.

4.) Bestreicht nun den kompletten Rand der Nuss mit Kleber und legt die passende andere Nusshälfte darauf. Fertig sind eure Goldnüsse für den Weihnachtsbaum!

Bemalte Eicheln

Schwierigkeitsgrad: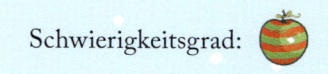

Lea malt auf die Eicheln, die sie gesammelt hat,
Muster, Herzen oder Sterne. Ihr Bruder Luis musste
sofort an die Apfelmännchen denken, weshalb er
auf jede kleine Nuss ein passendes Gesicht zeichnet.
Ob Gurkenhut & Co. das so lustig finden?

Was ihr braucht:

⭐ Eicheln
⭐ Weiße Acrylfarbe oder
   weißen/goldenen Lackstift
⭐ Faden

Und so geht's:

1.) Putzt die Eicheln gut ab,
und schon könnt ihr die Nuss
bemalen: Malt sie ganz an,
malt ein Rautenmuster oder
ein Gesicht, worauf immer ihr
gerade Lust habt.

2.) Wickelt einen
Faden um den Zipfel
des Eichelhütchens. Die
Eicheln könnt ihr ebenfalls
als Baumschmuck verwen-
den oder euren Adventskranz
damit dekorieren.

TIPP:
*Vergoldete Walnüsse
und Eicheln sehen
auch als Tischdeko
schön aus!*

Getrocknete Orangenscheiben

Schwierigkeitsgrad: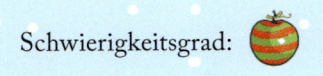

Petronella dekoriert ihre Wohnung besonders gern mit duftenden Apfelscheiben. Schön sind auch getrocknete Orangenscheiben, die ihr vielfältig zum Dekorieren verwenden könnt.

Was ihr braucht:

⭐ Orangen
⭐ Nadel und Faden

Und so geht's:

1.) Schneidet die Orangen in etwa 5 mm breite Scheiben. Lasst zuerst den Saft ausreichend abtropfen. Legt sie anschließend für 2 Wochen auf eine Heizung, bis sie völlig trocken sind.

Schneller geht es natürlich im Backofen: Lasst die Scheiben bei 100°C für etwa 2-3 Stunden im Backofen trocknen.

TIPP: *Bei diesem Schritt könnt ihr die Orangen auch durch Äpfel ersetzen.*

2.) Nun könnt ihr in eure getrockneten Orangenscheiben vorsichtig mit einer Nadel einen Faden einstechen und sie anschließend aufhängen.

Tannenzapfen-Landschaft

Schwierigkeitsgrad: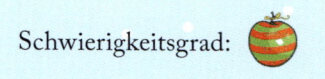

Diese Tannenzapfen gefallen den Apfelmännchen besonders gut. Die kleinen Tüftler überlegen sich immer wieder neue Dinge, die man aus Tannenzapfen basteln könnte. Wollt ihr das nicht auch mal probieren?

Was ihr braucht:

⭐ Tannenzapfen
⭐ Moos
⭐ Geschenkband
⭐ Kleine Figuren: Pilze, Rehe etc.
⭐ Sekundenkleber

Und so geht's:

1.) Streicht Kleber auf die Unterseite eurer geputzten Tannenzapfen. Nehmt ein Stück vom Geschenkband und klebt die Enden auf dem Tannenzapfen fest. Lasst ruhig ein gutes Stück überhängen.

2.) Klebt nun auch etwas Moos dazu. Anschließend könnt ihr kleine Pilze oder andere Figürchen auf das Moos kleben. Fertig ist die Waldlandschaft.

Basteln

Knopfbäume

Schwierigkeitsgrad: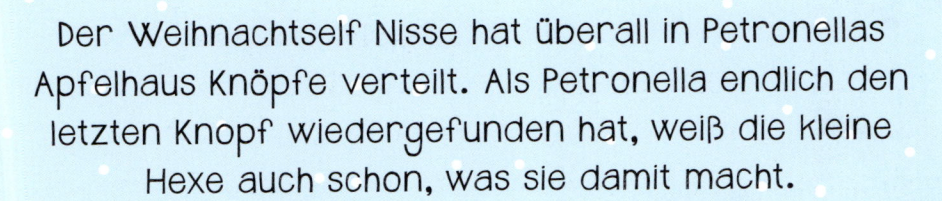

Der Weihnachtself Nisse hat überall in Petronellas Apfelhaus Knöpfe verteilt. Als Petronella endlich den letzten Knopf wiedergefunden hat, weiß die kleine Hexe auch schon, was sie damit macht.

Was ihr braucht:

- Grüne und rote Knöpfe in verschiedenen Größen
- Draht
- Braune Holzperlen
- Sternperlen
- Geschenkband

Und so geht's:

1.) Sucht euch grüne Knöpfe und ordnet sie der Größe nach übereinander an, sodass ein kleiner Baum entsteht. Schön sind auch ein oder zwei rote Knöpfe, die ihr zwischen die grünen legen könnt.

2.) Nehmt ein langes Stück Draht und fädelt die Holzperle so auf, dass sie in der Mitte liegt. Dreht den Draht über der Perle mehrere Male, bis die Perle gut festsitzt.

3.) Nun nehmt ihr die beiden Drahtenden und fädelt die Knöpfe auf beide Drähte auf. Und zwar in der Reihenfolge, die ihr euch vorher zurechtgelegt habt, beginnend mit dem größten Knopf. Am Ende verdreht ihr den Draht erneut. Steckt die Sternperle obendrauf und verdreht den Draht ein weiteres Mal.

4.) Die langen Drahtenden biegt ihr rund ab und verdreht das Ende wieder. Nun könnt ihr ein schönes Band daran befestigen und eure Knopfbäume aufhängen.

Basteln

Wäscheklammer-Sterne

Schwierigkeitsgrad: 🍎🍎🍎

Lucius mag Wäschewaschen
überhaupt nicht. Mit seinen
Zangen kann er die Wäscheklammern einfach nicht so
gut greifen. Da passiert es gerne mal,
dass ihm die Federn aus den
Klammern springen. Wie gut,
dass Petronella auch hierzu schon
eine passende Idee hat!

Was ihr braucht:

⭐ Holzwäscheklammern oder alte, bunte Plastikwäscheklammern

⭐ Sekundenkleber oder Holzleim

⭐ Faden

TIPP:
Es gibt viele Möglichkeiten, die Wäscheklammern zu Sternen zusammenzukleben. Seid kreativ!

Und so geht's:

1.) Löst die Federn aus den Klammern, sodass ihr die Klammern in Einzelteilen vor euch liegen habt. Nehmt nun die beiden Holzstücke und klebt sie auf der Rückseite aneinander. Wiederholt diesen Schritt mit mindestens vier weiteren Klammern.

2.) Nun müsst ihr die Klammern am unteren dicken Ende zusammenkleben. Legt euch euren Stern zurecht, damit ihr wisst, wie viele Klammern ihr braucht und wo ihr kleben müsst.

3.) Wenn ihr mögt, könnt ihr weitere Klammern hinter oder zwischen die anderen kleben, z. B. kleinere Klammern. Fädelt anschließend einen Faden durch euren Stern und hängt ihn daran auf.

Basteln

Baumschmuck aus Bienenwachs

Schwierigkeitsgrad: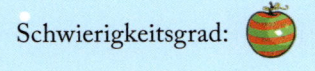

An Petronellas Weihnachtsbaum hängen kleine
Formen und Figuren aus Bienenwachs,
die wunderbar weihnachtlich duften. Das könnt ihr
ganz einfach nachmachen!

Was ihr braucht:

- ⭐ Platten aus Bienenwachswaben
- ⭐ Ausstechförmchen
- ⭐ Nadel und Faden

Und so geht's:

1.) Legt die Bienenwachsplatten vor euch hin und beginnt mit verschiedenen Ausstechförmchen Formen auszustechen. Dabei müsst ihr vermutlich etwas fester als beim Plätzchenausstechen drücken. Achtet darauf, dass ihr möglichst viele Formen aus einer Platte ausstechen könnt.

2.) Nehmt euch eine Nadel mit Faden und stecht vorsichtig ein Loch in eine Form hinein.

TIPP ZUM WEITERBASTELN:
Lasst die Reste der Bienenwachsplatten im Wasserbad schmelzen und gießt sie zu einer Kerze. Dafür braucht ihr eine geeignete Kerzenform und einen Docht, der in die Mitte der Kerze kommt.

Zieht den Faden durch und knotet die Enden fest. Mit einem Holzstäbchen könnt ihr das Loch vorsichtig auch etwas größer machen und buntes Geschenkband hindurchfädeln. Fertig ist der Baumschmuck!

Basteln

Vogelfutterspender

Schwierigkeitsgrad:

Nicht nur in der Wohnung gibt es etwas
zu basteln und dekorieren. Auch im Garten kann man
schöne Dinge aufhängen. Noch besser ist es,
wenn sich die Bewohner in der Natur auch daran
erfreuen können. Deshalb basteln Lea
und Luis aus ganz einfachen Mitteln einen
Vogelfutterspender.

Was ihr braucht:

⭐ Eine leere Plastikflasche
⭐ 2 alte Kochlöffel
⭐ Vogelkörner
⭐ Faden
⭐ Nagelschere

Und so geht's:

1.) Schneidet vier Löcher in die Plastikflasche und zwar so, dass ihr die Kochlöffel durch die Löcher hindurchschieben könnt. Achtet darauf, dass auf einer Seite das Loch etwas größer ist, damit die Körner besser auf den Löffel fallen können. Wenn ihr möchtet, könnt ihr die Flasche noch anmalen.

2.) Schiebt nun die Kochlöffel durch die Löcher und befüllt die Flasche mit den Vogelkörnern. Anschließend könnt ihr einen Faden um den Flaschenhals binden und diese an einem Baum aufhängen.

plopp
zisch
zing

Weihnachtliche

Die Hexe La Befana

La Befana ist eine sehr alte Hexe, die tief
verborgen in einem dunklen Wald in Italien lebt. Doch jedes
Jahr reitet sie am 6. Januar auf ihrem Besen von Haus zu Haus.
Den Kindern, die brav gewesen sind, bringt sie Geschenke.
Den unartigen Kindern steckt sie ein Stück
Kohle in die Socken.

Der kleine Elf Nisse

Nisse kennt ihr vielleicht schon. Der kleine
freche Weihnachtself ist für allerlei Schabernack bekannt.
Wer ihn verärgert, dem spielt er gerne einen Streich.
Dabei ist es eigentlich ganz leicht, einen Weihnachtself wie ihn
zufriedenzustellen: Eine Schüssel Haferbrei, am Abend
aufs Fensterbrett gestellt, genügt ihm vollkommen,
um glücklich zu sein.

56

Hexentraditionen

Haferbrei mit Zaubermandel

Dieser Weihnachtsbrauch ist besonders bei den Hexen aus dem hohen Norden beliebt. Beim Festessen zu Weihnachten gibt es als Nachtisch leckeren Haferbrei mit Milch, Zimt und Zucker. Jeder Gast bekommt ein Schälchen, doch nur in einem ist eine Zaubermandel versteckt. Wer die Zaubermandel findet, hat einen Wunsch frei und darf im kommenden Jahr auf besonders viel Glück hoffen.

Versteckt die Besen!

In manchen Ländern verstecken die Menschen an Weihnachten alle Besen, die sie im Haus haben. Sie befürchten, dass böse Geister oder Hexen kommen könnten, um sie zu stehlen und mit ihnen davonzufliegen. Doch die Kuchenbrand-Zwillinge würden den Besen nur verstecken, damit Petronella an Weihnachten bei ihnen bleibt.

Geschenke

Zauberhafte Geschenkideen

Weihnachten steht schon vor der Tür,
doch Lea und Luis wissen einfach nicht, was sie
Mama, Papa und Co. schenken sollen.
Zum Glück hat Petronella immer ein paar tolle
Tricks auf Lager, wie man auch ohne Magie
schöne Geschenke zaubern kann.

Tannenbaum-
Weihnachtskarte

Schwierigkeitsgrad: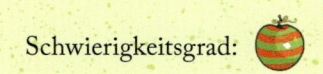

Lea und Luis Kuchenbrand möchten schöne Weihnachts-
karten verschicken. Petronella zeigt ihnen, wie man mit
einfachen Mittel bezaubernde Karten bastelt:

Was ihr braucht:

- ✮ Einfarbige Karte
- ✮ Bunte Pappe, Klebestreifen
- ✮ Kleber
- ✮ Schere

Und so geht's:

1.) Zeichnet die Umrisse eurer
geschlossenen Karte auf einer
Pappe nach und schneidet das
Stück aus. Nun könnt ihr es mit
bunten Farben, Pappe oder Klebestreifen bemalen und bekleben.

2.) Zeichnet auf die Vorderseite
eurer noch freien Karte einen
Tannenbaum und schneidet ihn
aus. Achtet dabei darauf, dass ihr
die Umrandung des Baums nicht
beschädigt. Nun hat eure Karte
vorne ein Loch in der Form eines
Tannenbaums.

3.) Klebt auf die Innenseite des
Lochs eure bunte Pappe. Wenn
ihr die Karte schließt, schaut aus
dem Fenster ein bunter Tannenbaum!

Schneemann-Weihnachtskarte

Schwierigkeitsgrad: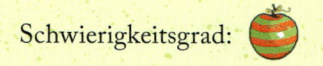

Was ihr braucht:

⭐ Blaue, grüne oder rote Karte
⭐ Weiße Knöpfe
⭐ Schwarze Pappe oder Filz
⭐ Stifte

Und so geht's:

1.) Klebt auf die Vorderseite eurer Karte drei weiße Knöpfe übereinander (etwa in der Mitte). Idealerweise hat der oberste Knopf nur 2 Löcher, das sind die Augen eures Schneemanns. Die Knöpfe können auch unterschiedlich groß sein, klebt sie dann der Größe nach übereinander.

2.) Schneidet aus der schwarzen Pappe oder dem Filz einen kleinen Hut für euren Schneemann. Klebt ihn über den obersten Knopf auf die Karte.

3.) Wenn ihr wollt, könnt ihr zu eurem Schneemann noch eine schöne Landschaft, Geschenke oder Schneeflocken malen!

Geschenke

Schneekugel

Schwierigkeitsgrad:

Lucius liebt Schnee. Doch Petronellas
Schwestern haben als Wetterhexen
im Winter alle Hände
voll zu tun. Darum schneit
es im Apfelgarten leider nicht
jedes Jahr. Damit er sich
trotzdem über eine verschneite
Winterlandschaft freuen kann, bastelt
Petronella ihm eine Schneekugel.

Was ihr braucht:

✪ Einmachglas mit Deckel
✪ Kunstschnee
✪ Nüsse, Eicheln, Tannenzapfen, kleine
  Zweige, getrocknete Beeren etc.
✪ Wasserfester Kleber
✪ Spülmittel
✪ Destilliertes Wasser

TIPP:
*Statt des Kunstschnees
könnt ihr auch Glitzer-
staub verwenden!*

Und so geht's:

1.) Säubert das Einmachglas und den Deckel. Klebt auf die Innenseite des Deckels, was ihr für eure Winterlandschaft braucht: kleine Zweige, getrocknete Beeren, kleine Tannenzapfen, Eicheln, Nüsse … Achtet darauf, dass eure Utensilien nicht zu groß sind und alles gut festgeklebt ist. Nehmt lieber ein bisschen weniger als zu viel und denkt daran, dass ihr die Schneekugel schütteln wollt, ohne dass der Inhalt verrutscht.

2.) Gebt etwas Kunstschnee in euer Glas und füllt es mit destilliertem Wasser auf. Fügt einen Tropfen Spülmittel hinzu, so verklumpt der Schnee nicht.

3.) Nachdem der Kleber gut getrocknet ist, könnt ihr den Deckel mit eurer Landschaft vorsichtig auf das Glas schrauben. Einmal schütteln – schon habt ihr eine kleine verschneite Winterlandschaft!

Geschenke

Petronella-Teelichter

Schwierigkeitsgrad:

Petronella dekoriert das Apfelhaus
in der dunklen Jahreszeit mit kleinen
Teelichtern. So wird die Apfelhütte
in wohlig-warmes Licht getaucht.
Und eure Freunde freuen
sich bestimmt auch über
so ein Geschenk!

Was ihr braucht:

⭐ Gläser zum Bemalen
⭐ Glasmalfarbe
⭐ Motiv

Und so geht's:

1.) Nehmt das Glas, das ihr bemalen wollt, spült es gut durch und trocknet es ab.

2.) Sucht euch eine Vorlage für euer Motiv aus, zeichnet selbst eine oder malt frei aus der Hand. Solltet ihr eine Vorlage verwenden, könnt ihr diese mit etwas Klebeband so in das Glas kleben, dass ihr sie nachzeichnen könnt.

3.) Schaut in die Gebrauchsanweisung eurer Glasmalfarbe. Müsst ihr noch etwas beachten, oder könnt ihr direkt losmalen? Sucht euch eine Farbe aus, und los geht's! Mit abwaschbarer Farbe könnt ihr nach Belieben das Motiv ändern und das Glas immer wieder neu verwenden.

TIPP:
Auf S. 76 findet ihr zwei Motive aus den Petronella-Büchern, die ihr als Vorlage verwenden könnt.

4.) Achtung! Lasst diesen Schritt unbedingt von einem Erwachsenen durchführen! Falls ihr wasserfeste Farbe benutzt, müsst ihr das Glas anschließend brennen. Dafür muss es eine Weile in den Backofen, richtet euch dabei nach der Gebrauchsanweisung eurer Farbe. Sobald die Farbe trocken ist, kann das Glas aus dem Backofen geholt werden, aber Vorsicht, es ist sehr heiß! Lasst es gut abkühlen, spült es noch einmal durch, und schon könnt ihr es verwenden!

Geschenke

Weihnachtsbaum-Schlüsselanhänger

Schwierigkeitsgrad:

Weil die Apfelmännchen ständig ihre Schlüssel vertauschen,
schenken sie sich dieses Jahr gegenseitig kleine Anhänger.
So weiß jeder, wem welcher Schlüssel gehört!

Was ihr braucht:

⭐ Ein dünnes kurzes Stöckchen
⭐ Verschiedene grüne Geschenkbänder
⭐ Faden

Und so geht's:

1.) Nehmt ein dünnes Stöckchen und schneidet es auf etwa 6 cm zurecht.

2.) Schneidet nun die Geschenkbänder in einige etwa 10 cm lange Stücke. Diese knotet ihr der Reihe nach um das Stöckchen, sodass man bis auf ein kleines Stück oben und unten nichts mehr davon sieht und links und rechts genug von den Bändern absteht.

3.) Jetzt schneidet ihr die Bänder auf beiden Seiten so zurecht, dass ein Tannenbaum entsteht. Dabei lasst ihr die unteren Bänder etwas länger und werdet nach oben hin immer kürzer. Schon habt ihr einen hübschen Tannenbaum! Umwickelt die Spitze mehrmals mit einem Faden und formt eine große Schlaufe, sodass ihr ihn an einen Schlüssel hängen könnt.

Geschenke

Pompom-Schlüsselanhänger

Schwierigkeitsgrad:

Diese Schlüsselanhänger erinnern Lea immer an Schneeflocken. Luis hingegen muss gleich an die nächste Schneeballschlacht denken.

Was ihr braucht:

- ☆ Wolle in eurer Lieblingsfarbe
- ☆ Schere
- ☆ Schlüsselring

Und so geht's:

1.) Nehmt Wolle in eurer Lieblingsfarbe und beginnt sie euch gleichmäßig um die Hand zu wickeln. Je mehr Wolle ihr aufwickelt, desto dicker wird der Pompom.

2.) Wenn ihr genug Wolle aufgewickelt habt, schneidet ihr den Faden ab. Diesen Faden wickelt ihr in der Mitte um den ganzen Wollring, zieht euch die Wolle von den Fingern und bindet den Faden ganz fest zusammen.

3.) Jetzt habt ihr oben und unten zwei große Schlaufen. Mit einer Schere schneidet ihr die Wolle an den Schlaufen auf, sodass ganz viele kurze Wollstücke entstehen, die in der Mitte von dem Knoten zusammengehalten werden. Zum Schluss könnt ihr die Enden noch ein wenig abrunden, sodass ein schöner runder Pompom entsteht.

4.) Um den Pompom sicher an einem Schlüsselbund befestigen zu können, bindet ihr nun den Schlüsselring an den Knoten in der Mitte.

Geschenke

Schöne Plätzchentüten

Schwierigkeitsgrad:

Selbstgebackene Plätzchen
verschenkt Petronella am liebsten
in schönen Tütchen. Auch diese
bastelt sie selbst. Ein kleines
Fenster in den Tütchen weckt
die Vorfreude auf ihre
leckeren Plätzchen!

Was ihr braucht:

⭐ Butterbrottüten aus Papier
⭐ Frischhaltefolie
⭐ Buntes Klebeband
⭐ Schere
⭐ Geschenkband

Und so geht's:

1.) Malt auf eine Seite der Butterbrottüte ein Rechteck, einen Kreis oder ein Herz. Schneidet eure Form vorsichtig aus, und legt ein etwas größeres Stück Frischhaltefolie über das Loch.

2.) Klebt nun mit buntem Klebeband das Stück Frisch-haltefolie fest, sodass eure Form, z. B. ein Herz, schön hervorgehoben wird.

3.) Nun könnt ihr die Tüten mit euren Plätzchen befüllen, und sofort den Inhalt bestaunen. Verschließt die Tüten mit schönem Geschenkband und bindet es zu einer Schleife.

> **TIPP:**
> *Hängt einen kleinen Schlüsselanhänger an die Tüte und verschenkt beides zusammen.*

Geschenke

Hexenbesen aus Küchenkräutern

Schwierigkeitsgrad:

Lea hat für Petronella einen Hexenbesen aus
Küchenkräutern gebastelt, über den sich Petronella sehr
gefreut hat. Dieser Besen kann zwar nicht fliegen,
doch er duftet ganz wunderbar!

Was ihr braucht:

⭐ Einen kleinen Stock

⭐ Verschiedene Küchenkräuter (Rosmarin, Minze oder
Thymian eignen sich besonders gut. Auch Lavendel duftet
ganz herrlich und sieht wunderschön aus.)

⭐ Faden

Und so geht's:

1.) Sucht euch ein kleines, gerades Stöckchen. Es sollte mindestens 10 cm lang sein.

2.) Schneidet euch Stängel von Rosmarin, Minze, Thymian oder anderen Küchenkräuter auf etwa die gleiche Länge zurecht.

3.) Wickelt die Kräuter um das Stöckchen, lasst jedoch ein Stück davon frei. Bindet mit einem braunen oder grünen Faden die Kräuter gut am Stöckchen fest, besonders am oberen Ende, wo noch ein Stück vom Stock frei bleibt. Auf diese Weise stehen die Kräuter hinten ein wenig ab und können ungehindert ihren Duft verströmen. Sollten die Kräuter nicht halten, umwickelt sie ein Stück weiter hinten erneut mit einem Faden.

> **TIPP:**
> *Bindet einen weiteren Faden um die Mitte des Besens, sodass ihr ihn aufhängen könnt.*

Hexenweihnacht im Apfel

Fortsetzung der Geschichte von Seite 39

Die Sterne funkelten am nachtschwarzen Himmel, und die Schneemonster, die Lea und Luis gebaut hatten, grinsten verschmitzt, als die Kinder an ihnen vorbei zu Petronellas Apfelbaum liefen.

»Hast du dein Geschenk auch nicht vergessen?«, fragte Luis, während sie Seite an Seite durch den tiefen Schnee stapften.

»Natürlich nicht«, erwiderte Lea. Sie hatte für ihre Hexenfreundin einen kleinen Hexenbesen aus Küchenkräutern gebastelt – und fand, dass er ihr sehr gut gelungen war. »Das riecht so schön«, stellte sie fest. »Da wird Petronella sich bestimmt freuen.«

»Ich glaube, dass ihr mein Geschenk auch sehr gut gefallen wird«, meinte Luis. Lea sagte dazu nichts. Luis hatte für Petronella nämlich ein Superhelden-Comic gemalt. Es hieß: *Superhexe rettet die Stadt*. Was nun wirklich nicht besonders weihnachtlich war.

Als sie auf dem Ast vor Petronellas Apfelhaus ankamen, stand die Haustür bereits offen. Die kleine Hexe schien schon auf sie zu warten. Aber warum war niemand zu sehen? Verwundert gingen die Kinder hinein.

»Seltsam, es scheint niemand da zu sein«, sagte Luis. Die Zwillinge tapsten vom Flur in die Stube und blieben stehen. Die kleine Fichte, die Petronella am Vormittag aus dem Wald geholt hatte, stand reich geschmückt in einem großen Kübel, und es duftete herrlich nach Honig und nach Haspelwald. An der Decke des Apfelhauses hatten sich Glühwürmchen niedergelassen, die funkelten wie der Sternenhimmel.

»Sieht das nicht schön aus?«, flüsterte Lea.

Luis nickte. »Aber wo ist Petronella?«

»Vielleicht besucht sie Gurkenhut?«, überlegte Lea. »Lass uns zu ihm gehen.« Die Zwillinge wollten den Raum gerade verlassen, als plötzlich das Licht anging. »Frohe Weihnachten! Frohe Weihnachten!«, tönte es aus allen Ecken. Petronella, Lucius und die Apfelmännchen kamen aus dem Schrank und hinter dem Sofa hervor.

Die Zwillinge strahlten über das ganze Gesicht. »Ich habe doch gewusst, dass du uns zu Weihnachten nicht im Stich lässt!«, lachte Lea.

»Nie und nimmer!«, rief Petronella. »Und jetzt setzt euch mit uns an den Tisch. Ich habe Haferbrei gekocht und eine Zaubermandel darin versteckt. Wer sie findet, hat einen Hexenwunsch frei!«

So schnell hatten Lea und Luis noch nie Haferbrei gegessen. Die Zaubermandel wurde allerdings von Lucius gefunden. Der Hirschkäfer lachte sein breitestes Käferlachen und knabberte an der Mandel. »Ich wünsche mir …«, sagte er. »Ich wünsche mir …«

»Was denn …?«, fragten alle gespannt.

»Ich wünsche uns allen ein frohes Weihnachtsfest und ein glückliches neues Jahr!«, summte der Käfer.

Ende

Vorlagen

Diese beiden Illustrationen aus den Petronella
Apfelmus-Büchern könnt ihr abpausen
und als Vorlage für Bastelarbeiten verwenden
(z. B. für die Teelichter auf S. 64).

Lass dich verzaubern von Petronella Apfelmus

Petronella Apfelmus:
Verhext und festgeklebt
Buch: ISBN 978-3414823991
Hörbuch: ISBN 978-3785750032

Petronella Apfelmus:
Zauberschlaf und Knallfroschchaos
Buch: ISBN 978-3414824158
Hörbuch: ISBN 978-3785750933

Petronella Apfelmus:
Schneeballschlacht und Wichtelstreiche
Buch: ISBN 978-3414824271
Hörbuch: ISBN 978-3785751855

Petronella Apfelmus:
Zauberhut und Bienenstich
Buch: ISBN 978-3414824547
Hörbuch: ISBN 978-3785753705

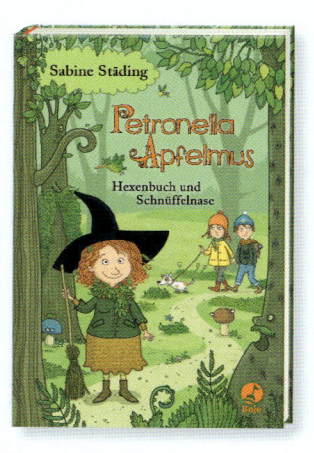

Petronella Apfelmus:
Hexenbuch und Schnüffelnase
Buch: ISBN 978-3414824882
Hörbuch: ISBN 978-3785755563

Petronella Apfelmus:
Schnattergans und Hexenhaus
Buch: ISBN 978-3414825148
Hörbuch: ISBN 978-3785757543

Alle Bücher und Hörbücher findet ihr auch unter: www.boje-verlag.de